나는 신라의
화랑입니다

| 신라 관창 편 |

1판 1쇄 발행 2021년 10월 19일

글 김기정 | 그림 장경혜 | 펴낸곳 한권의책 | 펴낸이 김남중
교정 한지연 | 디자인 나비 | 스캔 공간
주소 (우)03968 경기도 파주시 노을빛로 109-26(202호)
출판등록 제406-251002011000317호
전자우편 knamjung@hanmail.net
전화 031-945-0762 | 팩스 031-946-0762

김기정·장경혜 ⓒ2021

ISBN 979-11-85237-54-1 74810
ISBN 979-11-85237-41-1 (세트)

이 책의 글과 그림은 저작권법에 의하여 보호받는 저작물입니다.
잘못 만들어진 책은 구입하신 곳에서 바꾸어 드립니다.

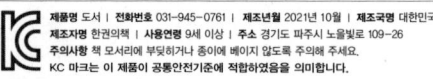

나는 신라의
화랑입니다

김기정 글 · 장경혜 그림

신라 관창 편

한권의책

| 차례 |

자야는 공부 중   8
반굴   11
장군의 아들   22
벌판의 북소리   32
죽느냐, 사느냐!   39
나는 신라의 화랑입니다   52
주황색 돌   68
| 역사의 한 순간 | 70

자야는 시간 여행 준비를 단단히 하고 있어요.
역사책을 보며 인물과 사건을 찾아 모으고 다녀요.
하지만 이돌에겐 이 여행이 어지러울 뿐입니다.

자야는 공부 중

"나 몰래 혼자 다녀온 건 아니지?"

자야가 물었을 때, 이돌은 뜨끔했어요.

"꼭 나랑 가야 해. 알았지?"

"그럼 지금 가 볼까?"

"조금만 더. 아직 공부 중이야."

자야의 말에 이돌은 한숨을 쉬었어요. 시간 여행에도 공부가 필요하다니…….

"이 바보야, 역사의 순간을 직접 경험하는 기회인

데, 그냥 구경만 하다 올 거니?"

그러면서 자야는 종이 한 장을 내밀었습니다. 번호를 매긴 이름이 빼곡 적혀 있었죠. 100명도 넘었어요.

1. 단군
2. 주몽
3. 온조
4. 박혁거세
5. 을지문덕
......

"에? 이 인물들을 다 알아야 한다고?"

이돌은 머리가 뱅글뱅글 돌 지경이었어요. 자야를 이 시간 여행에 끌어들인 걸 후회했지요.

자야는 탐정이라도 된 것처럼 굴었어요.

"돌아올 때는 돌멩이가 하나씩 생긴다고 했지?"

돌멩이와 시간 여행 사이에 무언가 비밀이 숨겨져 있는 게 틀림없어요. 하지만 이돌은 그 수수께끼를 풀 엄두도 못 냈어요. 여태껏 이 시간 여행이 그저 신기할 따름입니다. 그런데 자야는 달랐어요. 역사 공부를 하고, 비밀까지 밝혀내려 하잖아요.

자야와 헤어지고 돌아오는 길이었어요.

이돌은 문득 주위를 돌아보다가 순간 멍했어요. 거긴 초록 문 앞이었거든요. 자기도 모르는 사이 발길이 저절로 이곳으로 향했던 거예요.

'겁이 나는데도 또 가고 싶은 건 왜일까?'

멀리서 집 부수는 소리가 들렸습니다. 골목은 텅 비었는데, 왠지 초록 문 안에서 누군가가 잡아끄는 것 같았어요.

어느새 이돌은 대문 문턱을 넘어서고 있었습니다.

반굴

초록 대문 안으로 들어서자, 스멀스멀 어둠이 밀려왔어요.

이돌은 무서운 일과 맞닥뜨리지 않기를 속으로 바라고 또 바랐어요. 그러면서도 번번이 어떤 일이 벌어질지 궁금한 것입니다.

시원한 바람이 이마를 스쳤어요.

'재미난 사건이면 좋을 텐데.'

이돌의 바람이 통한 걸까요?

주변이 점점 환해지면서 이돌 앞에 처음 보는 광경이 드러났습니다. 먼저 파란 하늘이 펼쳐졌습니다. 왼쪽으로는 산이 우뚝 솟아 있고, 그 아래로 넓은 들판이 보여요. 수만 명의 병사가 벌판 가득 진을 치고 있었어요.

둥둥둥!

북소리가 울렸어요. 늘어선 병사들 사이에서 말을 탄 장수 하나가 나아가고 있었어요.

이돌은 저도 모르게 "아!" 하고 외마디를 내뱉었어요. 지금 눈앞에 펼쳐진 광경은 영화와 게임에서 보던 전투 장면하고 똑같았습니다. 용감한 장수가 맨 앞에서 칼을 휘두르면 적들이 맥없이 픽픽 쓰러지잖아요. 그건 이돌이 늘 꿈꾸던 모습이기도 했죠.

말이 점점 속도를 붙여 들판을 가로질렀습니다. 북소리는 더 빨라졌고, 병사들의 함성은 더 커졌어요.

'어디로 가는 거지?'

이돌은 눈을 들어 말이 달려가는 곳을 보았어요.

"앗!"

맞은편 산자락 아래로도 병사들이 진을 치고 있습니다. 벌판의 병사들보다는 적었지만, 말뚝을 세워 만든 방벽 뒤편으로 병사들이 웅크리고 있었죠.

장수가 탄 말이 개울을 훌쩍 뛰어넘었어요. 장수는 긴 창을 들어 옆구리에 끼더니 뭐라고 소리쳤습니다.

"와! 와!"

벌판의 병사들이 칼과 창을 서로 부딪치며 소리를 질렀습니다.

이윽고 말 탄 장수가 방벽 앞에까지 다다랐습니다. 장수는 속도를 줄이지 않았어요. 그대로 방벽으로 내달렸어요. 마치 커다란 바위를 향해 쏜 화살처럼.

말이 방벽을 훌쩍 뛰어넘나 싶더니, 이내 눈앞에서 사라지고 말았어요.

이어 북소리와 함성이 잦아들고 고요해졌습니다.

'무슨 일이 벌어지고 있는 걸까?'

이돌은 무심코 옆으로 고개를 돌리다가 놀라 기절하는 줄 알았습니다.

"으악!"

바람에 나부끼는 검은빛의 말갈기. 커다란 검은 말이었어요. 말은 주먹만 한 눈동자를 굴렸어요. 검은 말은 고개를 치켜들어 "히이힝!" 하고 큰 소리로 울었습니다. 그와 동시에 이돌의 몸이 허공으로 솟아올랐다가 땅바닥에 내동댕이쳐지는 게 아닌가요. 이돌의 손에 말고삐가 묶여 있었던 거예요.

이돌은 반쯤 정신이 나간 채 위를 쳐다보았어요. 말의 목에는 색색의 돌멩이를 꿴 목걸이가 걸려 있었죠.

짤랑짤랑 소리가 나고 햇빛을 받아 반짝거렸습니다.

'돌멩이다!'

벌써 돌멩이가 나타날 리 없습니다. 이제 막 도착했는데 돌아가기엔 너무 이르잖아요. 말 저쪽 편에 한 사내가 서 있는 게 보였습니다. 뾰족한 모자를 썼는데, 양쪽에 깃털 두 개가 꽂혀 있었어요.

깃털 모자는 넘어진 이돌은 아랑곳하지 않았습니다. 벌판을 바라다보며 흐느꼈어요.

"반굴!"

방금 말을 몰고 적진으로 달려간 장수를 두고 하는 말 같았습니다.

'전쟁에 나온 병사일까?'

이돌이 물끄러미 깃털 모자를 쳐다보았어요. 가죽 갑옷을 입고 등에는 화살통을 메었어요. 그렇지만 병사라기엔 왠지 앳되어 보였죠. 이돌보다 서너 살 더 먹었을까요? 한데, 얼굴은 백지장처럼 하얬어요.

'도대체 여긴 어디일까?'

드디어 깃털 모자가 이돌 쪽을 돌아보며 말했어요.

"무동아, 너도 보았니?"

'무동?'

이돌은 이번에도 이름이 마음에 들지 않았어요. 무동이라니. 그나저나 무동이란 아이는 이런 싸움터에서 무엇을 하고 있는 걸까요?

이돌은 기어들어 가는 목소리로 대답했습니다.

"예."

깃털 모자가 이를 악물고는 부르르 떨었어요.

"반굴 형님이 죽었다."

'반굴?'

사실 이돌은 방금 보았던 광경이 실감 나지 않았어요. 말을 타고 적진에 홀로 뛰어들었잖아요. 그리고 연기처럼 사라졌죠.

'아까 그 장수가 죽었다고?'

하지만 당장 이돌은 손에 묶인 말고삐에 더 신경이 쓰였습니다. 얼마나 단단히 묶었는지 도무지 매듭이 풀리지 않았어요. 게다가 줄을 풀려고 움직거릴 때마다 검은 말이 '푸푸!' 주둥이를 씰룩이며 이돌을 무섭게 쳐다보는 거예요.

부르는 소리가 들린 건 그때였습니다.

"관창!"

뒤쪽에 병사 하나가 서 있었어요. 관창은 바로 깃털 모자를 쓴 이 사내아이의 이름이겠죠? 관창! 오뚝한 코, 새하얀 얼굴에 붉은 입술. 이돌은 다시 관창의 얼굴을 힐끔 쳐다보다 말고 고개를 숙였어요. 사내가 이렇게 예쁘다니.

병사가 말했어요.

"너를 찾으신다."

관창이 고개를 끄덕이며 물었습니다.

"아버지겠지?"

"그래."

관창은 이돌을 쳐다보며 고갯짓을 했어요.

'대체 뭘 하라는 거지?'

이돌은 눈조차 마주칠 수 없었습니다. 무엇을 어떻게 해야 할지 몰랐거든요. 풀리지 않는 말고삐를 손아귀에 쥐고 있을 뿐이에요.

이돌이 계속 머뭇대자, 병사가 사정없이 면박을 주었습니다.

"이놈, 말잡이 놈아, 바보 멍청이가 되었느냐! 어서 말을 대령하지 않고 뭘 그리 멍하니 섰느냐!"

'내가 말잡이라고?'

검은 말이 여기서 이돌보다 똑똑한 게 그나마 다행이에요. 말이 빙그르르 방향을 틀어 주인 옆에 허리를 잽싸게 갖다 댔거든요. 그 바람에 이돌은 끌려가듯 말 옆구리에 바짝 붙어 섰습니다.

검은 말이 이돌을 보며 입을 실룩댔습니다. 멍청이!

바보!

관창이 말의 목덜미를 토닥이다 흘끗 봤어요.

"너희 둘, 싸웠느냐?"

이돌은 두 눈을 멀뚱거릴밖에요.

"무동이가 검둥이한테 데면데면한 날이 다 있구나. 만날 검둥이랑 죽고 못 살던 놈이." 하며 관창은 말 위에 올라탔어요.

'이 말 이름이 검둥이구나.'

이내 검둥이가 움직이자, 이돌은 얼결에 끌려가는 꼴이 되었습니다. 말고삐에 붙들린 채로요.

졸지에 말잡이가 된 이돌은 앞일이 막막했습니다. 전쟁터 한가운데서 말잡이라니, 이걸 어찌하나요.

장군의 아들

검둥이가 앞서 나아갔어요. 덕분에 이돌은 종종 따라가기만 하면 되었지요.

이돌은 검둥이 귀에 대고 속삭였어요.

"너만 믿는다, 히히."

생전 처음 말 옆에 선 것만으로도 덜덜 떨리는데, 말이 알아서 척척 해 나가니 이돌은 천만다행이라고 생각했어요.

비탈길을 내려가자, 병사들이 즐비했습니다. 검둥

이는 아무렇지도 않게 병사들 사이를 뚫고 지나갔어요. 아니, 정확히 말하면 왁자하게 떠들던 병사들이 먼저 말 위의 관창을 알아보고는 길을 터 준 거죠.

병사들 무리에서 서너 명이 나와 관창의 손을 잡았어요.

"관창, 정말 가려고?"

그들은 관창처럼 깃털 모자를 쓴, 또래로 보이는 사내아이들이었습니다.

관창은 애써 웃음을 지었지만, 얼굴엔 왠지 모를 슬픔이 깃들어 있었어요.

"끝내 갈 텐가?"

"관창! 가지 마!"

관창을 말리며 울먹이는 이도 있었죠.

'어딜 간다는 거지?'

이돌은 관창에게 무슨 일이 벌어지고 있다는 걸 직감했어요.

길을 잡아 걸어가던 검둥이가 마침내 멈춰 섰습니다. 막사 앞이었습니다. 갑옷을 입고 칼을 찬 병사들이 잔뜩 긴장한 모습으로 기다리고 있었어요. 그 한가운데에 수염을 기른 장수가 큰 칼을 부여잡고 의자에 앉아 있었어요.

검은 수염에 부리부리한 눈.

금빛 갑옷이 햇빛에 번쩍거렸어요.

관창이 천천히 말에서 내렸어요. 몇 걸음일 뿐인데도 마치 천 리 길 같았어요. 보고만 있는 이돌의 가슴이 쿵쿵거릴 정도였습니다.

관창이 땅바닥에 엎드리며 말했습니다.

"화랑 관창! 아버님 부름을 받고 왔습니다."

이돌은 관창과 장수를 번갈아 보았어요.

아버지와 아들!

관창의 아버지가 장군이었던 거예요. 그러고 보니 오뚝한 콧날과 눈매가 닮은 듯도 했어요.

장군의 목소리는 엄했어요.

"너도 보았느냐?"

"언덕에서 반굴 형님을 배웅하였습니다."

그건 아까 적진으로 뛰어들었던 장수를 두고 하는 말이었죠.

장군의 말은 한 치도 흐트러짐이 없었어요.

"우리 신라군이 왜 이곳에 왔다고 생각하느냐?"

관창이 대답했습니다.

"백제군을 무찌르기 위해서입니다."

이돌은 눈이 번쩍 뜨였어요.

'신라? 백제? 그렇다면……?'

그게 언제쯤인지 곰곰 생각했죠. 100년 전? 아니, 1000년 전? 조선, 고려……?

솔직히 이돌은 몇 년 전 일만 해도 까마득한걸요. 하물며 100년 전, 1000년 전이라면 말할 것도 없죠. 자야가 같이 왔더라면 금세 어느 시대인지 알아들었을 텐데……. 어찌 됐든 지금 문제는 이돌이 신라와 백제의 싸움 한복판에 와 있다는 거예요.

장군의 목소리가 높아졌어요. 칼집을 바닥에 탁 치며 물었습니다.

"대답이 고작 그것이냐? 다시 말해 보아라."

관창은 이마를 땅에 바짝 대며 대답했습니다.

"수백 년 이어 온 전쟁을 끝내기 위해서입니다."

"다시!"

관창은 잠시 머뭇대다 답했어요.

"이 땅에서 전쟁을 끝내고 평화를 되찾기 위해서입니다."

그것은 아버지가 아들을 꾸짖는 모습이었죠. 주위 병사들은 숨소리도 못 내고 있었고, 이돌은 손에 땀이 나기 시작했습니다.

장군은 여전히 뭔가 못마땅한 얼굴이었어요.

장군이 말했습니다.

"조금 전 서라벌에서 전갈이 왔다. 몸져누운 한 어미가 아들을 애타게 찾는다는 편지다."

장군은 눈살을 찌푸리더니 가슴께에서 뭔가를 꺼내 관창 앞에 툭 던졌습니다. 붉은 천으로 된 두루마리였죠. 거기엔 촘촘히 글자가 쓰여 있었어요.

장군이 말했어요.

"어미가 자식을 살리려고 꾀를 부리는구나. 예부터 우리 신라에서는 죽어 가는 부모의 마지막을 지키는 것을 자식 된 도리로 여겨 왔다. 대장군께서도 허락하셨다. 너는 지금 서라벌로 돌아가겠느냐?"

아! 이돌도 그 말뜻은 알 것 같았어요.

이 전쟁터를 떠나 안전한 집으로 갈 수 있다니······. 만약 이돌이라면 당장이라도 그리하겠다고 대답했을 것 같습니다. 그런데 관창은 머리를 조아린 채 입을 다물었고 장군은 거듭 다그쳤습니다.

"어서 대답해 보아라! 서라벌로 돌아가 네 어미를

보겠느냐 물었다!"

관창이 또박또박 대답했습니다.

"화랑이 된 몸으로 어찌 싸움터를 벗어나겠습니까. 이곳에서 죽겠습니다."

'응? 화랑이라고?'

이것도 이돌의 귀에 익은 말이었죠. 거기까지예요. 화랑이 무엇인지는 알 길이 없습니다.

'어휴, 바보. 아는 게 뭐니?'

이돌은 제 머리를 두드렸어요. 그때 곁에 있던 병사가 혼잣말을 했어요.

"살 기회를 버리다니……."

빙 둘러선 병사들의 입에서 "아~!" 하고 탄식하는 소리가 흘러나왔어요. 일이 어떻게 되어 가고 있는 걸까요?

이어 주위는 숨소리 하나 없이 고요해졌어요.

장군이 말했습니다.

"과연 내 아들답구나. 돌아가겠다고 대답했다면 이 칼로 네 목을 쳤을 것이다."

무시무시한 말을 하면서도 목소리는 한결 누그러져 있었죠.

하지만 이돌은 가슴이 서늘해졌어요.

'아들 목을 친다고?'

장군이 손을 들어 산 쪽을 가리키며 말했어요.

"저 앞에 보이는 게 무엇이냐?"

"백제군입니다."

"그렇다. 장군 계백과 오천 명의 결사대이다. 저들은 기울어져 가는 백제를 지키려고 모였다. 비록 적이지만 난 저들이 부럽기만 하다. 나라를 위해 목숨을 내어놓지 않았더냐."

관창이 말했습니다.

"우리 신라도 저들에 못지않습니다, 아버님."

장군의 목소리가 떨렸습니다.

"그렇다. 여기 있는 우리 신라군 역시 마찬가지다. 나라를 위해 목숨을 내걸고 이곳까지 이르렀다. 이 싸움에서 왜 이겨야 하는지 알겠느냐? 지난 수백 년 동안 신라군은 오늘이 오길 기다렸다. 우리 신라 백성들이 백제군에게 얼마나 많은 피를 흘렸더냐. 오랜 전쟁으로 죽어 간 백성들을 생각하면 이 자리에 있는 내가 부끄러울 지경이다.

우린 당나라 군대와 만나기로 약속한 내일까지 백제 왕이 있는 사비성에 가야 한다. 한데 여기에서 저 계백의 오천 결사대에 발이 묶여 있다. 오늘 저들과 세 번에 걸쳐 싸웠으나 세 번 다 졌다. 저 계백이 이끄는 군사들이 우리보다 더 절박하고 용감했기 때문이다. 적들의 무서운 기세를 꺾을 수가 없구나.

우리 신라군은 여기까지 오면서 오랜 전투에 지쳐 있다. 사기도 꺾여 있다. 그럼에도 우린 이 싸움에서 반드시 이겨야 한다. 조금 전 반굴이 홀로 나아가 싸웠다. 그럼 너는 이제 어찌해야 하겠느냐?"

관창이 고개를 치켜들었습니다. 땅바닥의 흙을 움켜쥔 손이 부르르 떨렸습니다.

"기꺼이 가겠습니다!"

이돌은 이때까지도 일이 어떻게 돌아가는지 알지 못했어요.

'관창, 어딜 간다는 거야?'

벌판의 북소리

병사들이 벌판 쪽으로 줄지어 섰어요. 곧이어 북을 든 병사들의 손놀림이 빨라졌어요.

둥둥둥!

'아, 당장이라도 무슨 큰일이 벌어질 것만 같아.'

이돌의 가슴은 북소리만큼이나 커다랗게 방망이질을 쳤습니다. 그때까지도 말고삐를 손에 감아쥔 채였어요. 검둥이 옆에서요.

관창이 이돌 쪽으로 천천히 다가왔어요. 그러곤 억

세게 말고삐를 낚아챘습니다. 풀리지 않고 내내 애를 먹이던 고삐가 이돌 손아귀에서 쑥 빠져나갔습니다.

관창이 한 손을 이돌의 머리에 얹고 말했어요.

"무동아, 내가 왜 너를 이 끔찍한 전쟁터에 데려온 줄 아느냐?"

이돌은 어떤 말도 할 수가 없어요. 마냥 쳐다보는 수밖에요.

"네게 직접 백제의 사비성을 보여 주고 싶었다. 하나 그리할 수 없겠구나. 신라군이 이 싸움에서 이긴다면 부디 너라도 꼭 사비성을 보도록 해라."

'사비성? 그걸 왜 내게 보여 주려 했을까?'

아직은 알 수 없습니다.

관창이 검둥이 등에 펄쩍 올라탔어요. 병사 하나가 달려와 말안장 앞에 방패를 세웠습니다. 관창은 한 손에 긴 창을 들었고, 허리춤에는 칼을 찼어요.

이때를 기다렸다는 듯이 검둥이는 힐끔 이돌을 보

곧 따각따각 앞으로 나아갔습니다.

병사들이 외치는 소리가 들렸어요.

"화랑 관창이다!"

"관창이 간다!"

벌판에 늘어선 신라 병사들은 어느새 북소리에 맞추어 창과 발을 땅바닥에 쿵쿵 구르고 있었습니다.

둥둥둥!

쿵쿵쿵!

목소리도 하나로 모았습니다.

와와와!

둥둥둥!

쿵쿵쿵!

병사들이 중얼거리는 소리가 들렸어요.

"흠순 장군 아들 반굴이 가더니, 이제 품일 장군 아들 차례일세."

"몇 살이나 되었을꼬?"

"올해 열여섯이라네."

"허, 어린 나이에 참으로 대단하네. 제 발로 죽으러 가다니."

"서라벌 집으로 돌아갈 수 있었는데도 스스로 마다 했다지."

이돌은 흠칫 놀랐어요. 곧 관창이 죽을 거라잖아요. 병사에게 물었습니다.

"아저씨, 관창이 어딜 가는 거예요?"

병사는 뜨악한 얼굴을 하고 말했어요.

"하, 이놈 보게. 어린놈이 왜 여깄냐!"

옆에 다른 병사가 대꾸했어요.

"관창이 데려온 말잡이 아이일세."

"거덜(말을 돌보고 관리하는 일을 맡아 하던 종)로 전쟁터에 따라온 거로군."

"아무렴, 장군님 아들인데 그럴 법도 하지."

"허 참."

'말잡이 거덜?'

궁금했지만 지금 그게 문제가 아니었어요. 이돌은 이번엔 따지듯 물었습니다.

"아이참, 관창이 왜 죽냐고요?"

그러자 병사는 굳은 얼굴로 말했습니다.

"자, 보아라. 좀 전에 반굴이 백제 진영으로 뛰어들지 않았느냐."

"그래서요?"

"허, 이놈 봐라. 그래서라니, 반굴이 죽었단 말이다. 이제 곧 관창 차례란 말이다."

이돌은 도무지 이해할 수가 없었습니다.

"왜요?"

병사는 기가 찬 듯 이돌을 쳐다보다가 목에 잔뜩 힘을 주고서 말했습니다. 그 모습이 마치 연극배우처럼 보이기도 했어요.

"장군의 아들은 죽음을 두려워하지 않는다. 병사들

아, 보아라! 오늘 백제를 이기지 못하면 내일 신라가 망할 것이다. 너희도 용감히 싸우다 이 자리에서 죽어라. ……뭐, 이런 말이지."

"그럼 지금 자기 발로 죽으러 간단 말이에요!"

병사들 함성에 이돌의 질문은 묻혀 버렸어요.

'관창이 죽으러 가는 길이라고?'

이돌의 입술이 파르르 떨렸습니다.

들판엔 어느새 저녁노을이 드리우고 있었어요. 들판 한가운데쯤에서 관창을 태운 검둥이가 속력을 냈습니다. 마른 먼지가 뽀얗게 피어올랐죠. 반굴을 태우고 달렸던 말보다 훨씬 빨랐어요. 검둥이는 개울을 펄쩍 뛰어 건너더니 내달렸어요. 관창은 창을 겨누고 최고 속도를 내는 중이었습니다.

그럴수록 병사들은 점점 더 빠르게 북을 치고 발을 구르고 함성을 질러 댔습니다.

둥! 둥!

쿵! 쿵!

와! 와!

차츰 검둥이와 관창의 모습이 작아졌어요. 거꾸로 방벽 너머 백제군의 모습은 더욱 커 보였습니다. 마침내 관창과 검둥이가 저 멀리 산 아래 방벽에 닿는 것이 보였습니다. 곧 말 그림자는 시커먼 병사들 무리 속으로 사라졌어요.

"아아!"

죽느냐, 사느냐!

 금방이라도 싸움이 붙을 것처럼 험악하던 분위기는 얼마 가지 않았습니다. 산을 등지고 있는 백제군도, 벌판에 있는 신라군도 잠잠해졌습니다.
 해가 기울고 깜깜해지자, 곳곳에서 모닥불을 피우기 시작했어요.
 나방 한 마리가 모닥불로 날아들었어요.
 타닥!
 눈 깜짝할 사이 나방은 재가 되어 사라졌습니다.

'아, 관창…….'

눈시울이 절로 화끈해졌어요.

이돌은 더는 그곳에 머물러 있을 수가 없었어요. 어쩔 줄 몰랐다는 말이 맞습니다. 관창과 검둥이가 들판 너머로 사라진 뒤, 덜렁 외톨이가 되었으니까요. 이돌이 병사들 눈을 피해 언덕에 오른 건 그런 까닭이었습니다.

처음 관창을 보았던 장소였어요. 그곳에서는 백제군과 신라군이 한눈에 보였죠. 관창이 왜 이곳에 있었는지 알 것도 같았어요.

밤이 되어선 별이 땅으로 쏟아져 내려온 듯했어요. 수천 개는 될 법한 모닥불이 별빛처럼 반짝였습니다. 산자락에도 벌판에도.

이돌은 수풀 위에 주저앉았어요.

'내가 처음 본 장면은 장수 반굴이 백제군을 향해 달려가는 모습이었어. 그 뒤를 이어 관창이…….'

이돌은 말도 안 된다고 생각했어요. 혼자 몸으로 적진에 뛰어들다니요. 그것이 싸움에 이기기 위해서라니요. 아니, 아들을 죽게 놔두다니요. 영화에서 이따금 비슷한 장면을 본 적이 있긴 해요. 주인공이 혼자 수많은 적을 상대해 위기에서 벗어나는 모습 말이에요. 그렇지만 실제 싸움은 영 딴판이었습니다. 모닥불에 날아든 나방처럼, 죽음은 너무나 순간이고, 그래서 더욱 허무했어요.

그러다 문득 이상한 생각이 들었습니다.

'왜 아무 일도 안 일어나는 거지? 끝인가?'

전에는 시간 여행을 할 때마다 사건들과 맞닥뜨렸죠. 그리고 돌멩이 하나를 주워 들면 집으로 돌아갔잖아요. 그런데 지금은 관창이 죽었는데도 이돌에게 아무 일도 일어나지 않았어요.

'무서운 사건이 또 남았을까?'

다시 두려움이 밀려왔어요.

그러다 깜빡 잠이 든 모양입니다.

시간이 얼마나 흘렀을까요?

이돌은 잠에서 깨었습니다. 밤이슬에 옷이 다 젖었어요. 몸이 오슬오슬 떨렸습니다.

별안간 수풀이 움직였어요. 누군가 다가오는 발소리가 들렸어요. 이돌은 잔뜩 웅크리고서 소리 나는 쪽을 살폈어요. 말을 탄 시커먼 그림자였습니다. 이돌이 납작 엎드렸을 때 귀에 익은 소리가 들려왔어요.

"무동이냐?"

"히이힝!"

알은체를 하는 검둥이 울음소리도 들렸습니다.

"관창! 살았군요!"

이돌은 반가움에 달려가 관창을 껴안았어요. 틀림없이 살아 있는 관창이었어요. 새벽빛에 관창의 모습이 조금씩 드러났습니다.

단정하게 묶었던 머리는 헝클어졌고 옷에는 군데

군데 핏자국이 묻었습니다. 칼에 베인 듯 뺨과 팔뚝에서 피가 흐르고 있었죠.

이돌은 펄쩍 뛰며 외쳤습니다.

"어서 장군님한테 가요. 이 소식을 알려야죠."

관창은 힘없이 고개를 저을 뿐이에요. 이내 땅바닥에 털썩 주저앉더니 수풀 위에 몸을 뉘었어요. 지쳐 있었어요. 길게 숨을 뱉어 낼 때마다 입김이 파랗게 보였어요.

관창의 눈은 새벽하늘을 향했습니다.

"계백을 보았다."

'계백?'

아까 장군이 말했던 백제 장수의 이름입니다.

"백제 오천 결사대의 대장군 말이다. 나는 죽을 각오로 백제군에 뛰어들었어. 검둥이는 역시 빠르고 거침없었지. 백제군을 뚫고 나갔으니까. 난 곧 백제 병사들에게 사로잡혔다. 계백은 나를 보곤 놀란 눈치더구나. 한동안 나를 쳐다보기만 했지. 그러더니 계백이 묻더구나."

"나이가 몇이냐?"
난 기죽지 않으려고 악을 썼지.
"열여섯이다. 전쟁에서 나이가 무슨 상관이더냐!"
계백의 눈은 슬펐어. 나에게 자신의 얘기를 들려주더구나.

"이 싸움터에 나올 때, 난 아내와 자식을 이 손으로 죽였다……."

계백의 손은 피 묻은 헝겊으로 감겨 있었어.

나는 그 말을 듣고 놀랐지. 계백과 백제군이 세 번의 싸움에서 그토록 용맹했던 이유를 알겠더구나. 그러고 보면 우리 신라도 마찬가지지. 아버지 품일 장군 역시 자식인 나를 적진으로 보냈으니까.

나는 또 외쳤어.

"어서 죽여라! 신라 화랑은 적에게 목숨을 구걸하지 않는다!"

계백의 목소리는 담담했어.

"나, 계백은 신라, 고구려와의 전쟁에서 단련된 몸이다. 적들을 수없이 죽이면서도 오로지 이기는 길만이 백제가 살길이라 여기며 살아왔다."

계백은 신라 군사들 중 그 이름을 모르는 이가 없는 장수다. 가장 무섭고 잔인한 백제의 장수! 그 이름만 듣고도 신라군의 기가 꺾일 정도였으니까. 그러나 겁낼 내가 아니지.

"나도……, 아니, 우리 신라군도 마찬가지다."

나는 몸부림치며 맞섰어.

계백은 빙긋이 웃을 뿐이었지.

"그렇다. 이제 기나긴 싸움을 끝낼 때가 왔다. 신라든 백제든 둘 중 하나는 여기 황산벌에서 죽을 것이다."

"어서 내 목을 쳐라!"

계백은 내가 아무리 발버둥 쳐도 눈썹 하나 까딱 않더니, 갑자기 잠긴 목소리로 말했지.

"너를…… 보니, 죽은 내 아이들이 한없이 그립구나."

주위는 잠시 먹먹해졌지. 계백의 눈에 눈물이 맺힌 걸 본 듯했어. 하나 그뿐이야. 얼굴은 금세 얼음장 같아졌고 목소리는 서릿발처럼 매서웠어.

"신라의 화랑아, 헛된 죽음을 말라. 그대는 돌아가서, 백제의 오천 결사대는 모두 죽을 각오를 하고 있더라고 전해라. 그리고 다신 되돌아오지 마라."

"당장 나를 죽이라고 악을 썼지만, 소용없었어. 검

둥이를 타고 다시 돌아올 수밖에.

무동아, 한데 말이다. 부끄럽게도 속으로 '살았다.' 라는 생각이 들더구나. 하하하. 화랑 관창이 목숨을 부지했다고 좋아하다니……."

관창의 눈자위에 눈물이 비쳤습니다.

"다시 백제 진영으로 달려가 죽느냐, 신라로 되돌아가 사느냐? 난 저 황산 벌판 한가운데서 길을 잃고 서 있었다. 어둠 속에서 아홉 번이나 갈팡질팡했지. 결국 검둥이한테 물었단다.

'검둥아, 네가 정해 주렴. 이 겁쟁이가 어디로 가야 할지…….'

검둥이가 발을 떼어 신라 진영 쪽으로 향하자, 속으로 안심이 되더구나. 크크크."

이돌은 관창의 손을 꼭 잡았어요.

"아니에요. 이렇게 살아 있잖아요."

"차마 이 꼴로 신라 진영으로는 못 갈 것 같더라. 겁쟁이가 되었으니."

이돌이 조심스레 말을 꺼냈습니다.

"관창은 겁쟁이가 아니에요. 그렇게 죽는 건, 말도 안 돼요."

관창의 입가에 묘한 웃음기가 번졌어요.

둘은 한동안 언덕 아래를 하염없이 바라보았습니다. 벌판을 사이에 두고 백제 오천 결사대와 신라 오만 군사가 마주 보고 있었죠.

저 멀리 산등성으로 새벽빛이 더욱 환해지고 있었습니다.

잠시 뒤 관창이 자리를 털고 일어났어요.

이돌이 물었어요.

"신라 진영으로 돌아갈 거죠?"

"그래야지."

그 말에 이돌은 '관창이 살려는 거구나.' 하고 마음을 놓았습니다.

언덕을 내려가는 길은 한결 가벼웠어요. 검둥이도 목덜미와 엉덩이에 상처가 났지만 '푸푸!' 해 대는 것이 기분이 좋아 보였습니다.

이돌은 못내 궁금해하던 걸 말했어요.

"왜 무동이를 데려왔어요?"

"남 얘기하듯 하는구나."

이돌은 아차 싶었지만, 관창은 이어 말했습니다.

"네 이름이 왜 '무동'인지 잊었느냐? 넌 백제 사람이야. 5년 전 네 어미가 널 업고 우리 집 대문을 넘었지. 백제 포로로 잡혀 온 거다. 네가 살던 마을 이름이 '무'였단다. 그래서 이름도 무동이지."

"겨우 그것 때문이에요?"

"이 녀석, 전쟁에 말잡이 거덜로 데려가 달라고 밤낮으로 졸졸 따라다니며 귀찮게 졸라 놓곤! 사비성을 꼭 보고 싶다고 난리 친 놈이 누군데."

관창이 처음으로 웃었어요.

이돌은 조금 더 마음이 놓였습니다.

그나저나 무동이가 겁도 없이 전쟁터에 따라가겠다고 했다니.

관창이 이돌의 머리를 쓰다듬으며 말했어요.

"말도 안 되는 떼를 썼다만, 무동이 네가 서라벌에서 내로라하는 말잡이 거덜이 아니었다면 꿈도 못 꿨을 일이다. 검둥이를 가장 잘 다룰 줄 아는 거덜이지 않느냐."

언덕 아래쪽에서 신라 병사들이 달려오고 있었습니다.

나는 신라의 화랑입니다

병사들은 귀신이라도 본 것처럼 소스라쳤어요.

"관창이닷!"

"관창이 살아 돌아왔다!"

순식간에 수백 명 병사가 모여들었어요.

"와와!"

함성을 지르며 기뻐서 소리를 치는 병사들도 있었습니다. 말고삐를 쥔 이돌도 얼씨구나! 하고 어깨를 쭉 폈어요.

"관창이 살아 돌아왔어요!" 하고 목청껏 외치기도 했습니다.

관창을 태운 검둥이는 적을 이기고 돌아온 장수처럼 의젓하게 걸었습니다. 여기저기 모여 있던 병사들이 앞다퉈 달려왔습니다.

이윽고 막사 앞은 시끌벅적 소란스러워졌어요. 이어 장군이 막사에서 나왔어요. 관창의 아버지, 품일 장군이었습니다.

장군을 보자, 관창은 말에서 내려서는 절룩이는 걸음으로 나아갔습니다.

장군 앞에 무릎을 꿇고 말했어요.

"신라 화랑 관창, 아버님을 뵙습니다."

그러나 장군의 태도는 예상 밖이었죠.

죽은 줄 알았던 아들이 살아 돌아왔다면 기뻐서 부둥켜안고 좋아할 텐데, 아니었어요.

장군은 꼿꼿이 선 채 얼굴을 돌렸어요. 아들을 보려

하지 않았습니다. 대답 또한 차가웠습니다.

"내가 아는 자랑스러운 신라의 화랑 관창은 어제저녁 백제군과 용감히 싸우다 죽었다. 그런데 지금 내 앞에 있는 놈은 귀신이냐, 겁쟁이냐?"

장군의 얼음장 같은 말에 수런거리던 주위가 조용해졌습니다.

이돌은 어찌 된 영문인지 머리가 복잡해졌어요. 적진에서 살아온 아들과 그를 맞이하는 아버지.

상상했던 모습과는 아주 딴판이었습니다. 병사들도 굳은 얼굴을 하고 서 있을 뿐이었죠.

묵묵히 있던 관창이 말을 꺼냈어요.

"장군께 신라 화랑 관창이 어제 일을 아뢰겠습니다. 저는 어제저녁 말을 몰아……."

관창은 아까 이돌에게 얘기했던 계백과의 만남과 돌아오게 된 사연을 보고하듯 하나하나 일렀습니다. 계백이 식구들을 손수 죽였다는 얘기에서는 병사들도 "아!" 하고 소리를 지를 정도였어요. 검둥이를 타고 돌아오던 얘기에 이르러서는 고개를 떨구고 울먹이는 이들도 있었습니다.

그렇지만 장군의 생각은 달랐나 봅니다. 몸을 부르르 떨더니, 다시 고함을 쳤어요.

"나는 너처럼 부끄러운 아들을 둔 적이 없다! 여기서 내 칼에 죽는 것이 그나마 이 치욕을 씻는 길이다!"

그러곤 허리에 찬 칼집에서 칼을 빼 드는 것이었습니다.

이돌은 놀라 자빠질 뻔했어요. 살아 돌아온 아들을 반겨 주진 못할망정 자기 손으로 죽이겠다니요.

장군은 칼을 치켜든 손목에 힘을 주었어요.

이돌은 그만 "악!" 소리를 내고 말았습니다.

그때였어요.

"장군, 멈추시오."

마치 동굴 속에서 울리는 소리 같았어요.

이윽고 누군가 막사에서 나왔습니다. 황금 갑옷을 입은 장수였어요. 하얀 수염이 가슴 언저리까지 내려왔고 하얀 머리칼은 위로 틀어 올렸어요. 늙은 장수였지만 몸에서 뿜어 나오는 기세는 위풍당당하기만 했어요.

병사들이 놀라 술렁거렸어요.

"대장군이시다!"

"김유신 장군이 오셨다!"

막사 앞에 모여 있던 병사들 모두 동시에 엎드렸습니다.

순간 이돌도 따라 엎드렸죠.

'김유신?'

들어 본 이름인 듯한데 좀처럼 떠오르지 않았어요.

품일 장군도 대장군을 보곤 칼을 거두고 옆으로 비켜섰습니다.

대장군 김유신이 관창에게 다가가 말했어요.

"목숨을 걸고 적진에 뛰어든 관창은 장한 아이다. 살아 돌아온 것을 탓할 일이 아니지 않는가. 관창은 돌아가 쉬어도 좋다. 이건 신라 대장군 김유신의 명령이다."

병사들 사이에서 또 한 번 탄식이 흘러나왔습니다.

'살았다!'

이돌은 기뻐서 눈물이 나왔어요. 그런데 그걸로 끝이 아니었어요.

잠자코 있던 관창이 고개를 드는 것이었습니다.

이글거리는 눈빛, 굳게 다문 입술. 그 얼굴은 언덕에서 보았던 관창의 모습이었죠.

관창은 또박또박 한마디씩 끊어 말했어요.

"나는…… 신라의…… 화랑입니다."

분노와 슬픔이 뒤섞인 목소리였지만, 곧 차분하고도 단호하게 바뀌었습니다.

"제가 화랑으로서 비굴하게 살아서 돌아왔다는 말

을 들으며 여기 엎드려 있는 이유는 단 하나입니다. 제가 본 것을 아뢰기 위해서입니다. 백제 진영의 아궁이는 식었고 물동이는 깨져 있었습니다. 병법에서 배운 대로라면 적군은 먹고 마실 식량과 물이 떨어졌습니다. 화살통은 비었고 창은 반 넘게 꺾였으며 칼날은 무디어졌습니다. 지난 세 번의 전투에 열에 다섯이나 되는 병사가 죽거나 다쳤습니다. 비록 계백의 군사들이 사자의 용맹을 보인 건 사실이나 그건 믿음일 뿐. 저들은 굶주리고 지쳐 있습니다. 계백마저 부상으로 죽음을 눈앞에 두고 있습니다. 신라군 역시 지쳐 있으나 마지막 힘을 모아 들이친다면 저들의 용맹도 꺾일 것입니다. 이것이 제가 돌아온 이유입니다. 저는 다시 나가겠습니다."

말을 마친 관창은 자리에서 일어났어요. 가죽 갑옷마저 벗어 바닥에 내려놓았지요. 그러고는 막사 앞으로 걸어가더니, 물통에서 물 한 바가지를 퍼 벌컥벌

컥 들이켜곤 나머지 물은 머리에 부었습니다.

그다음 검둥이 쪽으로 걸어왔어요.

"관창!"

이돌이 낮은 소리로 부르자, 관창이 이돌을 보며 말했어요.

"무동아, 나를 기다려 준 이는 너뿐이란 걸 잘 안다. 고마웠다."

관창은 이렇게 말하더니 이돌에게서 말고삐를 낚아챘습니다. 이돌은 말문이 막혀 아무 말도 할 수 없었어요.

검둥이는 어디로 가야 하는지 아는 듯 "히이이힝!" 하고 길게 울었어요.

관창과 검둥이는 다시 백제군 쪽으로 달렸습니다. 이번에는 북소리도 병사들의 응원 소리도 없습니다. 온전히 혼자서 벌판을 가로지르는 것입니다.

관창을 태운 검둥이가 백제군 속으로 사라질 때까

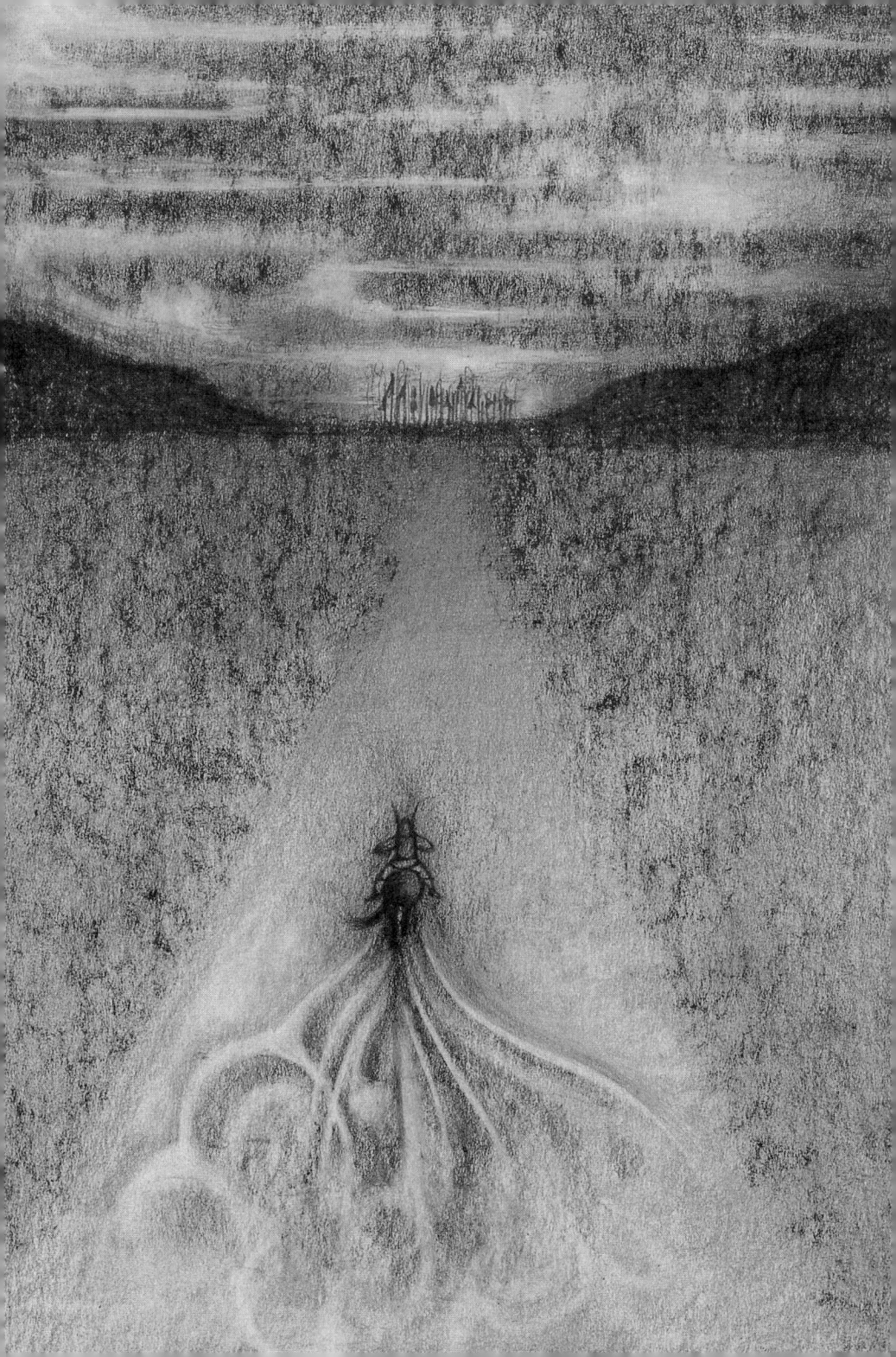

지 신라군 쪽은 너무나 고요하기만 했습니다. 어제와는 달리 병사들은 하나같이 비장한 표정이었습니다.

얼마쯤 지났을까요?

막 동쪽 산등성이에서 해가 떠올랐어요. 붉은 햇살이 들판을 비추었습니다.

그때였어요. 말 한 마리가 들판을 질러 달려오고 있는 게 보였어요.

검둥이였죠.

관창이 다시 돌아오는 걸까요? 아니요, 검둥이 등허리엔 아무도 없습니다.

검둥이가 신라 병사들을 지나 막사 앞으로 달려오자, 누군가 뛰쳐나가는 게 보였습니다. 품일 장군이었습니다. 이돌도 검둥이한테 달려갔어요.

검둥이 등허리 말안장에 무언가 매달려 있었어요. 옷으로 둘둘 감싼, 묵직한 핏덩이였습니다.

병사들은 순간 눈을 질끈 감고 신음을 토해 냈어요.

"아아!"

이돌은 그 핏덩이가 무엇인지 상상조차 못 했어요.

장군은 피로 물든 옷 뭉치를 와락 가슴에 끌어안았습니다.

둥둥둥!

다시 북소리가 울리고…….

쿵쿵쿵!

5만 명 신라 병사들이 한꺼번에 발을 구르고 창을 흔들었어요. 회오리바람 같은 함성이 벌판 가득 울려 퍼졌어요.

이돌은 검둥이의 말고삐에서 무언가를 보았습니다. 말 장식으로 매달았던 목걸이였죠. 줄이 끊긴 채, 나머지 돌들은 다 사라지고 하나만 남아 대롱거렸어요.

피로 얼룩진 돌!

이돌은 바로 알아보았어요.

'돌멩이닷!'

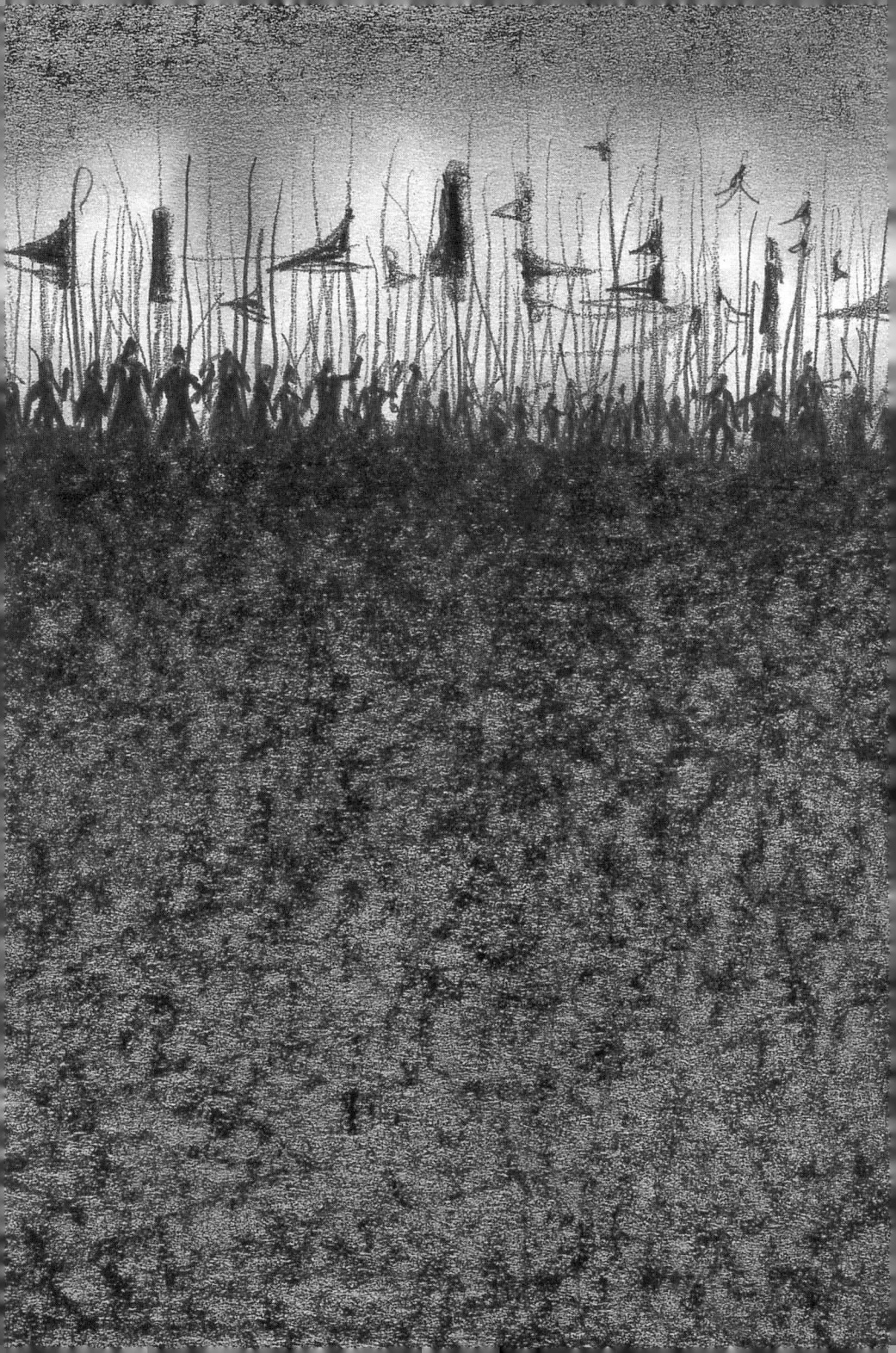

손을 뻗쳐 돌을 잡는 순간이었을 겁니다.

쉬익!

바람을 가르는 소리와 함께 검둥이가 "히이힝!" 울며 앞발을 치켜들었어요.

"앗!"

다음 순간, 생각하기 싫은 일이 벌어졌습니다.

화살 하나가 검둥이 목에 박힌 것입니다. 검둥이가 아니었다면 그 화살에 이돌이 맞았을지 몰라요.

검둥이는 고통스러운지 머리를 이리저리 흔들며 이돌을 바라봤어요.

크고 검은 눈동자에 눈물이 맺혔어요.

"검둥아!"

이돌은 검둥이를 부둥켜안았습니다.

그게 마지막이었어요. 눈앞이 아득해졌으니까요.

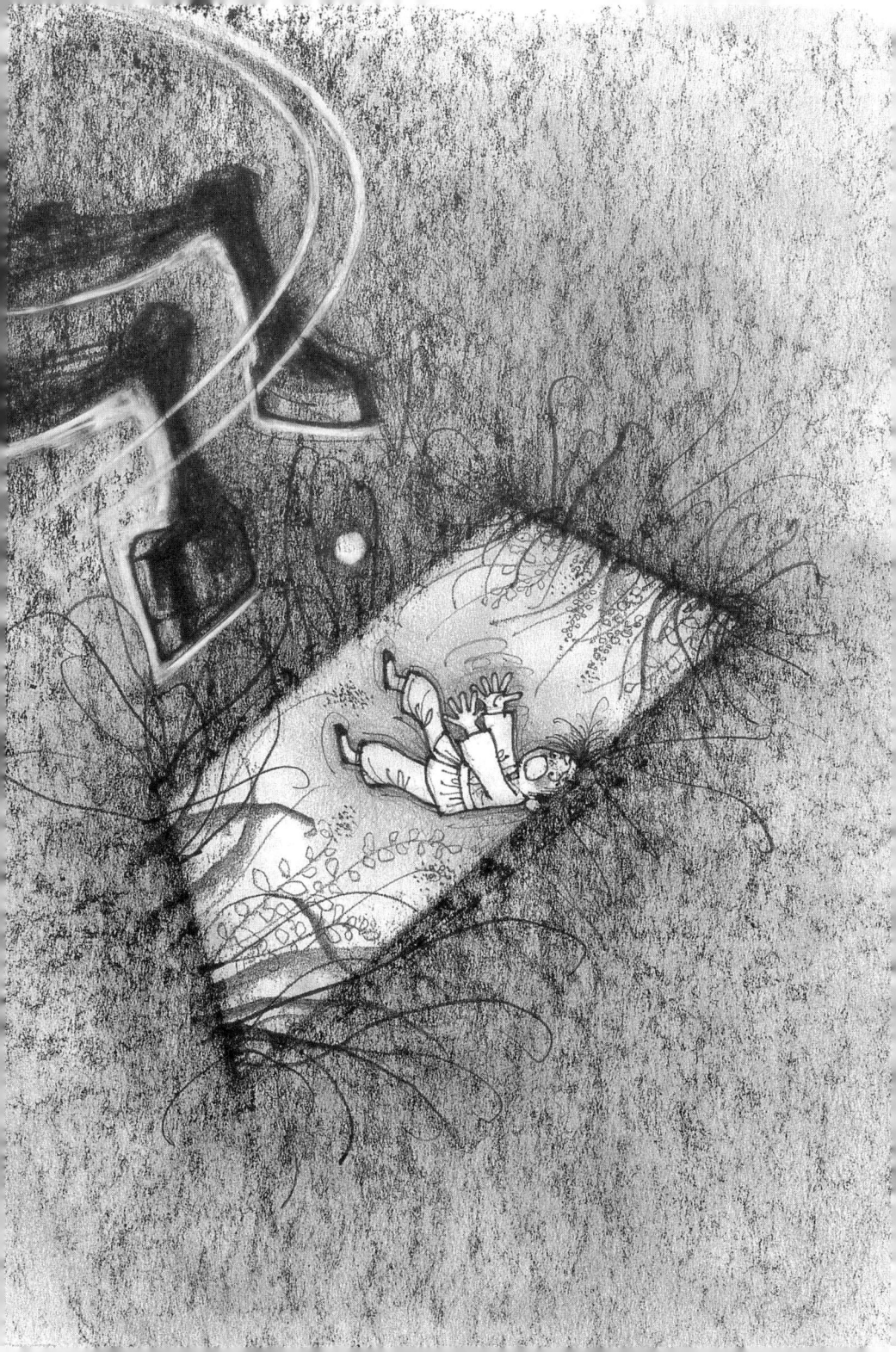

주황색 돌

'누구한테 쏜 화살일까? 장군, 아니면 나?'
 이돌은 피로 물든 옷 뭉치와 화살을 맞은 검둥이가 머릿속에서 떠나지 않았어요.
 '관창 형!'
 '검둥아!'

 집으로 돌아온 이돌은 책상 위에 돌멩이를 올려놓았습니다. 핏빛이 아니었습니다. 주황색 돌.

'피가 묻어서 빨갛게 보였던 거야.'

옆에는 자야가 건네준 종이가 놓여 있습니다. 종이를 펼치자, 낯익은 이름이 보였어요. 이제는 굳이 외지 않아도 절대로 잊히지 않을 이름들이었습니다.

......
12. 김유신
13. 계백
14. 관창

자야에게서 문자 메시지가 와 있었어요.

내일 오전 10시.
초록 문 앞에서 만나.

| 역사의 한 순간 |

관창은 1400년 전에 살았던 신라의 화랑이야.

당시에는 세 나라가 있었어.

고구려, 백제, 신라. 바로 삼국 시대야!

이 가운데 신라는 가장 약해서 번번이 다른 나라에 침략을 당하고 나라가 위태로울 지경이었지. 그때 신라 왕이 만든 게 바로 '화랑'이야. 나라의 인재를 기르기 위해서였지.

화랑은 귀족 출신의 소년들로 이루어진 단체 같은 거였어. 훌륭한 선생님을 모셔 공부하고 산천을 돌아다니며 몸을 단련하고 무술도 배웠지. 전쟁이 벌어지면 가장 먼저 앞섰고, 평상시엔 나라의 모범이 되었어.

그 유명한 김유신과 김춘추 같은 이들이 화랑 출신

이야. 이런 화랑들이 자라나서 장수와 관리가 되고, 심지어 임금까지 되면서 약하기만 하던 신라는 비로소 강해질 수 있었어. 마침내 삼국을 통일하겠다는 꿈을 꾸기에 이르렀지.

"이 땅에서 더는 삼국이 싸우기만 해서는 안 된다!"
"하나의 나라로 만들어 더 강해져야 한다!"

삼국 통일을 위해 나선 첫 싸움이 황산벌 전투야!

관창은 신라 화랑으로서 본보기가 되어야 했어. 아버지가 이름난 신라 장군이니 더욱 그럴 수밖에 없었겠지. 당시 관창의 나이가 열여섯 살이었다고 해.

지금 생각으로 보면, 어린 소년을 전쟁터로 몰아넣는 짓이 끔찍해 보일 수 있어. 하지만 관창은 자신의 삶과 죽음, 나라의 운명 앞에서 어려운 선택을 했던 거야.

역사의 한 순간

책씨앗 | 고래가숨쉬는도서관 | 행복한아침독서 추천도서

수상한 글자를 만나다 | 세종 대왕 편 |
세종 대왕은 왜 한글을 만들었을까? 그리고 한글 창제를 끝까지 막으려 했던 사람들은 도대체 누구였을까? 주인공 이돌이 초록 문을 지나 도착한 시간은 세종이 밤낮없이 한글 창제에 매달리고 있던 순간이었다. 그곳에서 한글 창제에 결사반대하는 최 교리와 맞닥뜨리는데….

거대한 줄다리기 | 이순신 편 |
단 열세 척의 배로 133척의 왜군을 무찔렀던 위대한 역사, 명량 대첩이 벌어졌던 바로 그 순간으로 역사 여행을 떠난 이돌. 알 수 없는 자객을 따돌리며 도착한 바닷가 작은 마을에서 겪은 일은 뜻밖에도 이상한 줄다리기 시합이었는데….

네 발의 총소리 | 김구 편 |
'뭔가 빠뜨린 것 같은데…?' 아쉬운 발걸음을 떼며 건물을 나서던 순간 들려온 네 발의 총소리! 눈빛이 매서운 남자를 피해 겨우 집으로 돌아왔지만 컴퓨터에서 마주한 역사적 사실에 이돌은 눈물을 멈추지 못하는데….

나무에 새긴 간절한 희망 | 팔만대장경 편 |
보물을 가득 실은 배가 들어온다는 소식에 사람들은 모여들고, 무언가 비밀을 숨긴 눌지를 따라 배에 오른 이돌. 그곳엔 뜻밖에도 글자가 새겨진 팔만 장의 나무 판이 있었다. 그리고 바다 건너편에서 갑자기 수백 개의 깃발이 나부끼는데….